Sich selbst so sehen

wie man gerne wäre

geht selten gut.

    Sich selbst so malen

    wie man sich fühlt

    das braucht Mut.

Impressum:
Herstellung und Verlag
BoD – Books an Demand,
Norderstedt

ISBN 9 783758 328596
Januar 2024
Copyright Kunst vom Hof
Hof Mescher, 49593 Bersenbrück
www.kunstvomhof.de
kaha.bsb@t-online.de

Dieses Buch ist auch als E-book erhältlich

Wahllose Lyrik

und ein ganz
klein wenig
Prosa

Band 5

Karin Hartel

Ach

Ach würden meine Wünsche
doch endlich einmal wahr.

Ach würden meine Träume,
doch endlich einmal klar.

Ach würden meine Taten,
doch endlich groß und stark,

dann könnte ich wohl leben,
ganz ohne Weh und Ach.

Angewachsen

Du bist an meinem Herzen
angewachsen,
gehörst zu meinem Leben,
einfach so.

Du bist wie ein
Nahrungsergänzungsmittel,
ergänzt mein Leben
um eine Dimension.

Du bist Geschenk,
mit dir lebt es sich besser
auf dieser Welt.

Abgeführt

Abgeführt
das Halbgekaute
das Schlechtverdaute

Abgeführt
das Ungewollte
das Überflussgezollte

Abgesagt

Abgesagt alles Schöne,
die Vorfreude komplett verpufft,
die vor dem Spiegel steht,
sich dreht und wendet,
schön gemacht,
für Nichts.

Aprilwetter
im März

Warmer Wind
trifft Eis und Schnee,
schmilzt weg,
was steinhart knisterte.

Gewaltig diese Leidenschaft,
die uns verrückt macht
und die Welt verändert.

Warmer Wind
trifft harte Erde,
weckt das Leben,
tief in ihr.

Explodierend nun die Farben,
die uns fröhlich machen,
bis wir satt und glücklich sind.

Lieber Besuch

Ich warte auf Dich
wenn es mir gut geht,
weil ich das Schöne
teilen will mit Dir.

Ich freue mich
wenn Du
vor der Tür stehst
ganz unverhofft.

Ich genieße
Deine Gesellschaft
Dein Lachen
Dein Gesicht

Tanz mit Brief

Dein Brief kam heute morgen,
ich tanzte mit ihm einmal
um den gedeckten Tisch.

Der Tisch so schön bereitet
für meinen Liebsten
und auch mich.

Der Stuhl, der dritte
für Dich angerichtet
mit einem Kissen weich.

Ach, wärest Du gekommen,
umarmt hätten wir Dich
und liebevoll aufgenommen.

Betrogen

Du hast betrogen,
die ganze Welt,
dein Umfeld,
dich selbst.

Du hast betrogen,
auf ganzer Linie,
präzise geplant,
punktgenau.

Du hast betrogen,
zuerst mit Gewinn,
dann notwendigerweise,
letztendlich selbstzerstörerisch.

Du hast verloren.

Echo

Was wir denken
wird uns begegnen

Was wir verfluchen
wird uns verfolgen

Was wir lieben
wird uns befreien.

Denklawine

Denklawine berauscht
rast über mich hinweg
begräbt mich
unter Wörtern
die kein Mensch je braucht

Denklawine ausgelöst
durch Überreizung
des Geistes
der zum Denken bereit

Endlich

Endlich fällt das Wasser
von dem grauen Himmel
dringt tief ein
ins moosige Bett
unter fast
vertrockneten Bäumen

Endlich atmet alles auf
grünt nochmal durch
bevor der Frost
alles verzaubert
auch die
abgestorbenen Bäume

Eigentlich

Eigentlich hatte sie sich gefreut, dass ihre Internetbekanntschaft sie besuchen wollte.
Das war gar nicht so einfach, denn sie weilte in Schweden, bei ihren Eltern, die vor elf Jahren ausgewandert waren um ganz in der Natur zu leben.

Eigentlich dachte sie ihn gut zu kennen, denn sie schrieben sich seit vielen Monaten, erzählten sich gegenseitig seitenlang Geschichten aus ihrem Leben.

Eigentlich war er der ideale Mann für sie. Ohne Altlasten außer seiner lieben Mutter von der er nur Gutes zu sagen hatte. Für sie, sich und seine zukünftige Frau hatte er ein Haus gebaut. Dank der ausführlichen Beschreibung, den vielen Detailfotos und der kopierten Baupläne, die er ihr geschickt hatte, fühlte sie sich jetzt schon wohl in dem Neubau, obwohl sie weder das Gebäude, noch die Mutter persönlich kannte.

Endgültig hatte sie sich in seine tiefe, ruhige Stimme verliebt, seit sie das erste mal telefonierten. Es fühlte sich an, wie nach Hause kommen, nach Geborgenheit und unendlich vielen romantischen Kuscheleinheiten.

Und nun also wollte er sie persönlich kennenlernen und nicht irgendwo, sondern bei ihren Eltern, im hohen Norden. Alleine die Anreise würde ihn einen vollen Tag und die halbe Nacht kosten und ein Vermögen dazu, denn alleine die Gebühren für die Fähren waren echt teuer und bei den Spritpreisen….

Der Tag seiner Anreise war endlich da. Während ihre Mutter in der Küche allerlei Leckereien vorbereitete, arbeitete sie fleißig im Selbstversorgergarten der Eltern, als eine müde Gestalt mit Seesack auf dem Sandweg auf das Haus zukam. Wieder mal ein Landstreicher, der nach etwas Essbarem fragen würde. Das kam im Sommer häufiger vor, hatte ihr der Vater erzählt. In Schweden war man gastfreundlich und bewirtete solche Leute, bevor sie weiterzogen. So lächelte sie ihn freundlich an und wünschte ihm auf englisch einen schönen Tag.

Der Bärtige lächelte zurück und fragte in sehr schlechtem Englisch nach der Familie Hausmann.

Die Stimme erkannte sie sofort, doch die äußere Erscheinung stimmte nicht mit den Fotos überein, die sie von ihm bekommen hatte: ein feiner Mann im gepflegten Anzug.

Über den Gartenzaun hinweg nahm sie seinen Schweißgeruch wahr, der aber von dem üblen Mundgeruch noch weit übertroffen wurde.

Der Staub der Straße kitzelte ihn wohl der
Nase und er nieste völlig ungeniert in ihre
Richtung.

Oh, you are in the wrong City.
Here we are in Huaröd.
They live in Hörröd.
Er schaute sie fragend an.
Sie wies in westliche Richtung.

You go this way for an half an hour. There
is a busstop. You take the bus to Ystad. It
will bring you to Hööröd. There have you
to ask for the house of Nils Andersson.
It´s a red one, with white Corners.
But you have to hurry, to get the bus.

Sie sprach all das ohne Atem zu holen,
nahm ihr Gartenwerkzeug auf und ging
ins Haus. Schloss demonstrativ die
Haustüre und lehnte sich von innen
dagegen.

Ihre Eltern fragten nicht, als sie ihr verärgertes Gesicht sahen. Vorsichtig spähten sie aus dem Fenster und schüttelten sich vor Lachen über den Davoneilenden, der ihnen als solventer Geschäftsmann angekündigt worden war. Sie hatten von vornherein nichts von dem Experiment einer solchen, im Internet gefundenen Bekanntschaft gehalten. Sie hatte ja schon die Hochzeitsglocken geläutet vor Glückseligkeit, den Traummann gefunden zu haben.

„Was machen wir jetzt mit dem vielen Essen?" Die Mutter war da ganz praktisch veranlagt.

Der Vater überlegte nicht lange, sondern lud alle Nachbarn ein. Auch unter ihnen gab es einen Nils Andersson und der war in ihrem Alter, witzig und schon lange auf der Suche nach einer passenden Frau.

Verzicht

Wenn ein Mensch
selbst im Verzicht lebt,
kann er anderen Wesen
nicht zur vollen Entfaltung verhelfen.

Eigentlich 2

Eigentlich suchte er nur die passende
Frau für sich und seine Mutter.
Ein weibliches Wesen, dass sich nahtlos
in die Mutter-Sohn-Wohngemeinschaft
einfügen würde.

Eigentlich wünschte er sich Kinder
und das sehr bald. Dazu wollte er
eine gesunde junge Frau aus gutem
Hause heiraten.

Eigentlich kam ihm die Idee, die
Internetbekannte bei ihren Eltern in
Schweden zu besuchen gerade recht,
denn er hatte lange keinen Urlaub
gemacht. All sein Geld hatte er in den
Hausbau gesteckt. Sogar sein Auto hatte
er verkauft. Weil es nach dem Umzug in
den praktischen Neubau unrentabel war.
Er konnte mit dem Bus zu seiner
Arbeitsstelle in der Bank fahren.
Bei gutem Wetter sogar mit dem Fahrrad.

Eigentlich war er sehr sparsam,
obwohl böse Zungen behaupteten,
dass er geizig sei.
Täglich ging er mit den Kollegen/innen in
die Kantine und war dafür bekannt, dass
er gerne die Reste der anderen aufaß.
Das war einer der Gründe, warum er im
beruflichen Umfeld keine Frau fand,
die mit ihm ausgehen wollte.

Die bequeme, billige Art, per Internet zu
flirten faszinierte ihn. Als seine beste
Kandidatin sich zu einem internetfreien
Urlaub abmeldete, weil sie zu ihren Eltern
nach Schweden fahren wollte, hakte er
sofort nach und lud sich quasi selbst als
Besucher dort ein. Mit romantischen
Andeutungen sparte er nicht.
Die Tipps dafür bekam er natürlich
auch kostenlos im Internet.
Da suchte er sich auch die billigsten
Mitfahrgelegenheiten und den
praktischen Seesack.

Keinen seiner guten Anzüge packte er
ein, denn die waren für so eine Reise
zu schade. Legere, praktische
Secondhandklamotten hatte er sich
im sozialen Kaufhaus besorgt.

Sich unterwegs zu rasieren sparte er
sich aus ganz praktischen Gründen.
Aber er hatte Ringe gekauft, falls es mit
seinem Heiratsantrag und der sofortigen
Verlobung klappen sollte.
Die Ringe hatte er günstig in einem
Pfandhaus ersteigert. Es erschien ihm wie
ein Wink des Himmels, dass die
eingravierten Vornamen passten. Den
verewigten Familiennamen und das nicht
passende Datum ließ er einfach
wegschleifen. Man sah es fast nicht.
Voller Hoffnung machte er sich auf den
weiten Weg mit der Freude auf einen
echten Billigurlaub ohne Hotelkosten
und fast keine Reisekosten.

Nun fand er sich in dem kleinen Ort
Hööröd wieder. Es gab unzählige rote
Holzhäuser mit weißen Kanten, wie es
ihm die seltsame junge Frau in Huaröod
beschrieben hatte. Er fand sogar zwei
Familien unter dem Namen Nils
Andersson. Doch keiner kannte die
deutsche Familie Hausmann.

So war er weitergefahren nach Ystadt
und musste dort in einem Hotel
übernachten. Wegen seines
abenteuerlichen Aussehens und ja,
auch wegen des strengen Geruchs,
musste er Vorkasse leisten.

Die Fähre von Trelleborg nach
Travemüde war ausgebucht.
Er musste fast eine Woche im Hotel
bleiben. Das Hotel in Trelleborg war noch
teurer, als das in Ystad.

Er ärgerte sich unbändig, weil er
ungeplant den teuersten Urlaub seines

sparsamen Lebens erlebte.

https://www.google.com/maps/dir/H%C3%B6rr%C3%B6d,+Schweden/298+93+Huar%C3%B6d,+Schweden/@55.8117085,12.6867536,8z/data=!4m13!4m12!1m5!1m1!1s0x46540c555b34716f:0xfe77e3e3fc4437c5!2m2!1d14.0339607!2d55.7811356!1m5!1m1!1s0x46540955c03c2321:0xd6ca5516cb542463!2m2!1d13.9690448!2d55.8421433?entry=ttu

Ende der Betäubung
zurück im Leben

Es ist ein kleines Buch,
das mir die Augen öffnet.
Es ist ein kleiner Brief,
der hat mein Herz erreicht.
Es ist ein neues Leben,
ohne Abhängigkeiten,
ganz wach zu sein.

für Erika Börsch und Heike Avsar,
die mir das Buch „Erika" schenkte.

Schönes aus Wolle, auch Wollschweine
Hörnerbiene findet man auf facebook
oder direkt bei Uta Schiffer

Endlich

Endlich aufräumen,
das unter den Tisch Gekehrte,
bloß legen,
auch wenn der nackte Gedanke,
zu grausam ist,
um wahr zu sein.

Erinnerungen

Erinnerungen
verdrängt bei Tag,
durchlebt bei Nacht.
Im Traum gelacht über Dinge,
die eigentlich zum Weinen sind.

Entsorgung

Ich entsorge die Sorgen,
ich mache mich frei,
von alten Gedanken
und Andenkenkram.

Ich behalte das Gute,
das ich sorglos
genieße kann,
und freue mich dran.

Ich suche nichts Neues,
nehme dankbar das an,
was mir zuläuft
mit Freude.

Flucht vor dem Denken

Auf der Flucht vor dem Denken
gibt es zu viele Orte
an denen das
Denken
überflüssig ist.

Gendern

Wenn sich
Frauenfreundlichkeit
auf Buchstaben und
Endungen konzentriert,
hat sie das Wesentliche verpasst.

Freiraum

Freiraum im Terminkalender,
der Urlaub geplatzt,
der Flieger fliegt nicht,
in den sonnigen Süden.

Freiraum im Leben,
Zeit für tausend Dinge,
Ungeplantes, Aufgeschobenes,
mit Humor und Fantasie ein
Abenteuer.

Federleichter Gruß

Federleicht so kam dein Gruß
Steinschwer meine Antwort

Der Inhalt deiner Worte
wog so schwer

Mag Leichtigkeit in meinem Brief
dein Herz erreichen

Für die Autorin
Amina Anja Amelal

Gesegnet

Wie reich bist Du gesegnet

Du siehst das Kleine, Wunderbare
Genießt die Weite der Natur
Du gehst auf Deinen eignen Füßen
auch steile Wege mit Bedacht

Du hast an Deiner Seite
den treuen Hundefreund
der mit Dir Felsenmonster sieht
Dich leitet durch die Moore

Du atmest Freiheit
schärfst den Blick
riechst echte Vielfalt
und genießt des Schöpfers Gaben

für Lilo Hartl und den Hund

Gehalten

In letzter Sekunde gehalten,
vor dem Absturz bewahrt,
zurück ins alte Leben
oder alles auf Anfang?

Gehalten im Alten?
Zurück ins alte Leben?
Ins alte, das zum Absturz führte?

Liebeserklärung an den Garten

Ich tauche hinein
in den Duft deiner Farben
Du, mein herrlicher Garten

Ich bade mich
in der Röte der Rosen
die Du umhüllst, Du mein Garten

Ich lausche vollkommen
dem Wispern des Grases
das sich wiegt, in Dir Du mein Garten

Ich liebe unendlich
auch das Kommen und Gehen
und lerne das Leben,
von meinem Garten

Gartendepression

Alles getan,
alles verblüht,
alles ganz grau.

Alles gegeben,
Kraft aufgebraucht,
alles leer und grau in mir.

Alles vergebens,
das ganze Blühen
vom Winde verweht.

Betrachtung am Gartenteich

Betrachtung der Natur
kann dich zur Stille bringen
obwohl sie aufregend ist

Betrachtung eines Teiches
kann dir das Leben spiegeln
in all seiner Pracht

Betrachtung einer Libelle
kann dich glücklich machen
für einen Augenblick

Kunst vom HOf

Galgenfrist

Galgenfrist
wertvollste Zeit des Lebens
Galgenfrist
jede Minute ein Geschenk
Galgenfrist
das Ende fest im Blick

Geschenke

Wir sind einander geschenkt
um uns zu beschenken.

Gottes Lob

Gottes Lob
ist gut verpackt
in den Geschichten,
die die Schöpfung preisen,
die der Natur ein
Loblied singen,
der Schöpfer ist darinnen.

Ganz schön

Schonungslos ehrlich
tut ganz schön weh.

Heute

Heute kann ich
Dinge tun,
Pläne schmieden,
Neuland betreten,
alten Mist beseitigen.

Heute kann ich,
einfach glücklich sein,
nichts kaufen,
Vorräte sichten.

Herausforderung

Herausforderung
Gefordert zu Bewegung
Heraus aus dem Loch
dem tiefen, dunklen
Rückzugsort.

Herausforderung
Gefordert zum Sprung
Hinein in das Leben
das bunte, herrliche
Leben.

Horizonterweiterung

Horizonterweiterung
in Windeseile
durch
Mut

Harmlos ?
Es fing ganz harmlos an
es ging nur um ein Blümchen

Es fing ganz harmlos an
dann ging es um mein Leben

Es fing ganz harmlos an
so wie in einem Märchen

Herbststurm
im Winter

Er weht ums Haus
mit eisig harten Fingern

Macht Angst
mit seiner Wucht

Der Herbststurm
hat sich echt geduldet
kommt erst
zur Weihnachtszeit

Er tobt sich aus
mit Eiskristallen
in nasser, böser Lust

Er treibt uns rein
ins warme Zimmer
verhärtet unsern Sinn,

Verhindert einfach Rauszugehen
zu den Menschen,
die nicht wissen wohin.

Hinschmeißen

Wer früh hinschmeißt,
hat mehr Zeit
für den Neuanfang

Laufen lernen

Auf dem Weg zum Training
renne ich wie eine Bekloppte,
um dort zu lernen,
achtsam,
Schritt für Schritt zu gehen.

Haussegen

Möge er niemals schief hängen,
der Segen in Eurem Haus.

Möge er eine Sonne sein,
die täglich scheint.

Möge er euch begleiten,
auf Ausflügen in der neuen Heimat.

Möge er strahlen,
über eure Nachbarschaft hinaus.

Kleinigkeiten

Die Erledigung einer Kleinigkeit
kann große Mengen
Energie freisetzen.

Kindertraum

Wie eine Prinzessin tanz ich umher,
behängt mit bunten Tüchern
und eine Mütze auf
dem Kopf.

Die Schuhe sind mir viel zu hoch,
ich kann darin nicht gehen,
doch vor dem Spiegel stehen.

Die Freude wird mir nicht getrübt
von wohlgemeinten Worten.
Das steht mir alles
und tut gut
der Seele
und dem Körper.

Der Kreis

Der Kreis, er ist ein rundes Ding,
mal flach, mal selbst
aus rundem Material gemacht.

Der Kreis, wenn er aus Menschen ist,
er zieht mich magisch an.

Wenn Gutes in der Rundung steckt,
in der man sich berührt, mit Worten
und auch mal mit der Hand.

Lebensträume
zu verschenken

Isolde weiß, dass sie bald sterben wird.
Sie hat keine Nachkommen, keine Erben,
aber sehr viel Geld und noch mehr Träume,
die sie nun nicht mehr verwirklichen kann.

So entsteht die Stiftung
„Lebensträume zu verschenken".
Ihr Anwesen wird zum Traumland
für Leute, die sich nicht hätten träumen
lassen, in einem solchen Umfeld ihren
künstlerisch, kreativen Begabungen
freien Lauf lassen zu dürfen.

Sie selbst träumte ihr Leben lang davon
Traumkleider zu entwerfen, doch es klappte
nie, weil sie zuerst den Ansprüchen ihrer
Eltern gerecht werden musste und dann war
sie drin im Hamsterrad eines Akademiker-
lebens, in dem kaum Zeit für ein Hobby blieb.
Ihren Traum zum Beruf zu machen, davon
war nie die Rede.

Doch jetzt erinnert sie sich an ihre Begabung,
beginnt zu zeichnen und wundert sich, wie
leicht das geht und was für schöne Entwürfe
sie zustande bringt.

Aus diesem Erleben ruft sie das erste Projekt
der Stiftung ins Leben: Traumkleider nähen.
Ein Journalist berichtet davon in der
Tageszeitung. Amelie liest den Artikel
während der kurzen Pause in ihrem
stressigen Job als Kellnerin.
Eigentlich hatte sie Schneiderin werden
wollen, doch die Schwangerschaft während
ihrer Ausbildung verhinderte ihre
beruflichen Träume.

Na ja, die Schwangerschaft verhinderte das
nicht direkt, aber die mangelnde
Unterstützung des Umfeldes und das nicht
vorhandene Verständnis ihres Arbeitgebers,
dass sie das Kind auch noch wollte.

Sie hat ihr Kind geboren und alleine groß
gezogen, hält sich mit Aushilfsjobs über
Wasser und sorgt so gut es geht für ihre
Tochter. Weil nie genug Geld da ist, hat sie
gelernt aus No Name Klamotten echte

Designerware zu machen. Manchmal
täuschend echt den großen Marken ähnlich,
manchmal einmalig ausgefallen, aber immer
dem Trend angepasst, damit ihre Tochter sich
wohl fühlt in ihrem Outfit.

Nun also liest Amelie den Artikel über die
Stiftung und sehnt sich nach der Arbeit
an der Nähmaschine ohne Zeitdruck oder
finanzielle Einschränkungen. Traumkleider zu
nähen ohne auf ein Budget zu achten, klingt
zu schön um wahr zu sein. Sie träumt von
feinen, hochwertigen Stoffen, die unter ihren
Händen zu tragbaren Kunstwerken werden
könnten.

Schon am nächsten Tag ruft sie unter der
angegebenen Telefonnummer bei der
Stiftung an. Und schon am übernächsten Tag
darf sie sich vorstellen. Sie nimmt ein paar
der Kleider mit, die sie für sich und ihre
Tochter genäht hat.

Isolde ist begeistert und gibt ihr den ersten
Stiftungsjob. Amelie näht ihr das Kleid, das
Isolde auf ihrer letzten Reise tragen will.
Reine Seide in einem hellen Frühlingsgrün.

Bestickt mit bunten Blumen, in vielfältigen Formen. Manche sehen so lebensecht aus, dass man sie pflücken möchte, wenn man das Kleid betrachtet.

Amelie ist glücklich, denn sie kann nun, in einer gut bezahlten Vollzeitstelle echte Traumkleider nähen. Einzelstücke, für besondere Menschen. Oft Menschen die sich so ein Kleidungsstück gar nicht leisten könnten. Brautkleider und Taufkleider, Sterbekleider und Abiturballkleider. Manchmal aber kommen reiche Menschen und kaufen ein Kleid für irrsinnige Summen von denen sich Amelie eine Existenz aufbauen kann.

Als sie mehr verdient als sie zum Leben braucht, wird sie selbst Stiftungsmitglied und führt Isoldes Idee weiter, die Idee, Menschen ein traumhaften Leben und Arbeiten zu ermöglichen.
Du meinst, das ist nur ein Traum?
Dass Menschen solche Stiftungen
ins Leben rufen, wenn sie sich
aufs Sterben vorbereiten?
Ich bin sicher, es gibt sie,
man muss sie nur finden
oder selbst ein solcher sein.

Liebesbrief

Ich wollte Dir schreiben,
ein Kuvert voller Liebe
per Post an Dich senden.

Ich wollte Dir schreiben,
wie wertvoll Du für mich bist,
auf ein Stück Papier,
das Du in Händen halten kannst.

Ich wollte Dir schreiben,
pünktlich zu Deinem Ehrentag,
damit Du zwischen allen Geschenken,
auch etwas von mir findest.

Ich wollte und wollte und wollte
und suchte und suchte und suchte
Deine Adresse vergebens
in den unendlichen Weiten
meiner Papierberge.

Liebe
Ich liebe mich,
ich liebe Dich,
ich liebe was ist.

Minimalismus

Minimalismus
bedeutet für mich,
das ich weiß,
was ich habe
und wo ich es habe,
nichts Unnötiges besitze,
meine Habe
wie ein Geschenk betrachte,
das mir gehört für eine kleine Weile.

Morgens um Fünf

Morgens um Fünf
ist gar nichts in Ordnung,
erwacht aus den Träumen,
die mal Wirklichkeit waren.

Morgens um Fünf
kann man sie zähmen,
ans Tageslicht zerren,
sie einfach aufschreiben.

Morgens um Sieben
ist die Welt wieder in Ordnung,
wenn man vergeben kann,
sich selbst und dem Täter.

Mutmacherin (2)

Du machst mir Mut
bewunderst meine Werke

Du machst mir Mut
verurteilst nicht mein Nichtstun

Du machst mir Mut
lässt mich auch einmal groß sein

Mückentanz

Über dem schönen Wasser
tanzen sie zu hunderten.
Über der nahen Wiese
zu tausenden.
Kleine Lebewesen
in heller Aufregung.

Über meinem Kopf ist Leben.
Unbekanntes, aufgeregtes
Hin und Her
lautloses Fliegen.

Da plötzlich
dunkelblaues Leuchten
Riesenlibelle
auf meinem Papier.

Sie folgt der Bewegung
des Stiftes
hat gar keine Angst
ist unheimlich herrlich
so fremd und so nah.

Wäre sie Mücke,
ich würde sie erlegen
aus Rache für
juckende Stiche am Bein.

Karin Hartel Januar 7.7.2021
Auf der Halbinsel der Seeligen sitzend

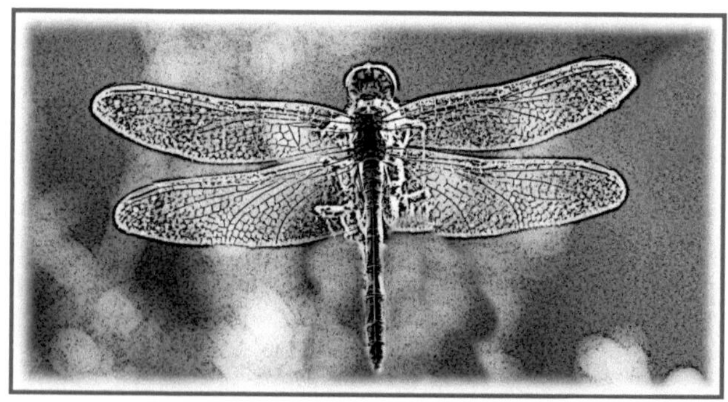

Foto: Theresia Brickweddes Archiv

Mut
zum Schlussstrich

Ziehe ihn den Strich,
der Schluss macht
mit dem täglichen Chaos.

Ziehe den Strich,
der anderen deutlich macht:
mit mir nicht mehr!

Ziehe den Strich,
der Dich trennt
von unguten Verstrickungen.

Wage den Schritt,
auf unbekanntes Land
in ungeahnte Freiheit

Nach traumvoller Nacht

Doch nun ist es Tag, fast Tag.
Es ist Morgen, früher Morgen.
Eigentlich ist noch Nacht.
Die meisten Menschen schlafen.

Doch nun lebe ich,
bin wach, ganz wach,
keine Sehnsucht nach dem Bett,
kein Zeitlimit für das was ich tue.

Doch nun denke ich
an die andere Welt,
die Welten in denen ich schwebte,
ist so der Tod?
Ein lautloses Schweben?

Panzer

Wie haben sich
die Dramen eingegraben
ins Seelenfleisch.
Tief sitzt der Stachel,
Eiter quillt hervor.
Gefühle hinter meterdicken
Mauern Abwehr,
Charaktere
treu der eingestampften
Spur.
Wut getränkte
Angriffspfeile,
schnelles Feindbild,
schnelle Reaktion.
Unter dieser harten Schale
weiches Leben,
Tränen, Trauer,
Sehnsucht nach der
zarten Hand.

Songwriter **Willi Ennulat**
aus: „Ruf der Seele"

Schmerzvoll

°

Der Körper voll Schmerz,
so voll, so prall gefüllt,
von inneren Kämpfen,
von Muskelkrämpfen.

°

Der Körper voll Schmerz,
kaum Platz für Gedanken,
für Meditation,
für bewusste Entspannung.

°

Der Körper voll Schmerz
der Kopf will zerplatzen,
vom Gesang der Amsel
im ersten Morgenlicht.

Schmerzlinderung

°

Schmerzlinderung
ist der erste Schritt
zur Heilung

Schmerzexperiment

Sich dem Schmerz hingeben,
ihn ausloten
bis ins kleinste Zucken.

Annehmen,
das Zerren und Stechen,
im ganzen Gesicht.

Aushalten,
die Hilflosigkeit
für den einen Moment.

Dann Durchatmen,
hinein in den Punkt,
der den Atem nimmt.

Sich hingeben,
den Wellen,
die kommen und gehen.

Gehen lassen,
sich und den Schmerz.

Sonnenstrahlen

Ein Sonnenstrahl
kann einen anderen Menschen
aus mir machen.

Hugo von Hofmannsthal

Erleuchtung braucht
das richtige Licht

Karin Hartel Februar 2023

Wenn ein Sonnenstrahl
mein Auge erreicht,
dringt er tief,
bis in die Seele,
auch wenn ich
die Augen schließe.

Sucht

Von der Sucht zerfressen
die Seele schreiend
nach Befriedigung
der unstillbaren
SehnSucht

Sehnsucht

Weit wie das Meer
hoch wie die Wellen
stark wie der Wind

Hell wie die Sonne
heiß wie der Wüstensand
dunkel wie die Nacht

Schwach geworden

Schwach geworden
Nachgegeben
Weicheifeeling
Wohlgefühl
trotzdem
stark

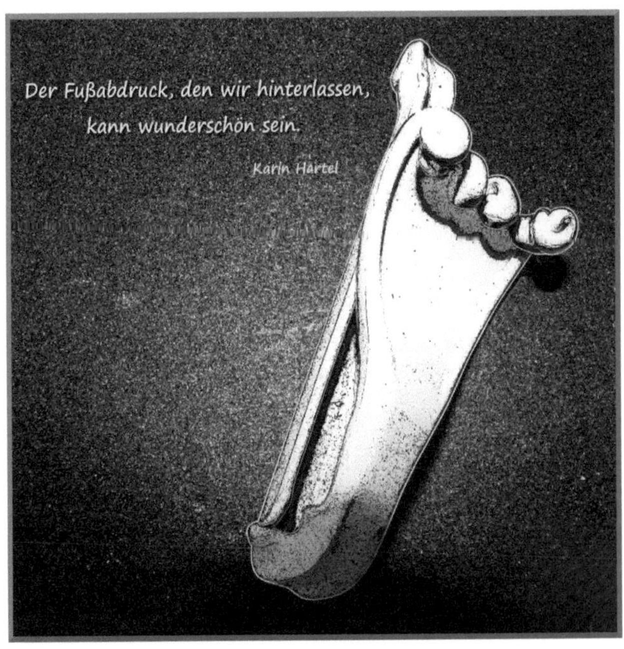

Sortieren

Ich muss mich neu sortieren,
Gefühle wegsortieren,
das ans Licht Gezerrte
wieder in die passende
Schublade sperren.

Ich muss meine Ordnung
wieder herstellen,
Übersicht
und Klarheit schaffen.

Ich muss dich einsortieren
damit du mich nicht
aus meiner Ruhe bringst
der so mühsam
erworbenen.

Nicht mehr
„Up to date“

Es tut weh,
wenn man in
seinem eigenen Gewerk
zum Laien wird.

Es tut weh,
wenn man
von der Entwicklung
überrannt wird.

Es tut weh,
das Erkennen,
dass man „out“ ist,
aber auch befreiend.

Wenn die Totenglocken läuten

Wenn die Totenglocken läuten,
denke ich an die Menschen,
die gerade Trauer tragen,
die gerade einen geliebten Menschen,
zum Grab begleiten.

Wenn die Totenglocken läuten,
halte ich inne für einen Moment
und denke an meine
Momente der Trauer,
aber auch an mein eigenes Ende
auf dieser Erde.

Wenn die Totenglocken läuten,
will ich von Hoffnung singen,
von Wiederauferstehung träumen
und froh sein,
das ich glauben kann.

Bersenbrück, in der Freude

Unendliche Möglichkeiten

Die Welt ist voller Möglichkeiten,
Schönes zu schaffen,
die Zeit zu raffen,
in Stein zu hauen,
die Liebe zum Detail.

Die Welt ist voller Möglichkeiten,
Unendlichkeit zu träumen,
Beginn und Ende,
einfach versäumen,
im Zwischenraum glücklich sein.

Übervoll

Übervoll von guten Gedanken,
wunderschönen Worten
und einem gesunden Herz.

Übervoll, überlaufend,
vor Freude schäumend
wie eine Flasche Champagner,
die zu viel Bewegung hatte.

Übervoll mit Dankbarkeit für die Köstlichkeiten aus dem Garten

Verloren

Du hast mein Vertrauen verloren,
in einem kurzen Moment,
als du dich groß tun wolltest,
indem du andere klein gemacht hast.

Du wolltest Applaus,
hast Entsetzen erzeugt.

Ich wende mich ab,
bevor du dich mir zuwendest
um mich kleiner zu machen, als ich bin.
Du tust mir Leid.

Verarbeitet

Traumhafter Stoff
gepackt in gewaltige Ballen
bedruckt mit bunten Gedanken
verarbeitet zu nützlichen Sachen.

Vollmondnacht

Schlaflos die Nacht,
die vollmondhelle.

Herrlich der Morgen,
der sonnengetränkte.

Endlos der Tag,
der sich dahinziehende.

Versetzt werden

Es ist nicht schlimm,
versetzt zu werden,
wenn man gut sitzt.

Versteinert

Finster der Blick,
versteinert das Herz,
die Hand umklammert
ein Viereck, das blinkt.

Finster der Blick,
versteinert das Herz,
Stöpsel im Ohr,
blind für die Welt.

Finster der Blick,
versteinert das Herz,
einsam die Seele,
die weint wie ein Kind.

Weil ich Dich liebe

Weil ich Dich liebe

will ich Dir schreiben

Weil ich dich liebe

male ich Bilder für Dich

Weil ich Dich liebe

will ich Dir nah sein

Zu viele Umarmungen

Deine Arme sind müde
von zu vielen Umarmungen.

Deine Augen brennen
von fremdgeweinten Tränen.

Dein Herz schlägt schwer
durch die Sorgen aller anderen.

Deshalb will ich dich halten,
dir deine Tränen trocknen,
dein Herz zum Hüpfen bringen,
vor Freude, dass neue Kraft kommt,
wenn wir gemeinsam darum bitten.

Zielbewusst

Ohne Ziel,
ist alles schwer.

Ist mir das Ziel bewusst,
finde ich den Weg zum Ziel.

Zielbewusst kann ich alles,
was dazu notwendig ist,
weil ich sehe,
was hilfreich ist.

Inhaltsverzeichnis

Bilder

Danke, meinem Mann, meinen Schwestern, Bibi Hartl, Renate Hülsmann, Lilo Hartl, Uta Schiffer, Anette Groß, Birgit Schliphak, drei Ninas, zwei Michaels, Prof.Gerald Hüther, Elisabeth Anderson, Jörgen Ericson, Mechthild Schmidt, Barbara L. Carsten Hobbje, Trudel Becker, Willi Enulat, zwei Davids, Ruth Heil u.v.m.

Selbstbildnis

Auf der Suche
nach meinen Wurzeln
und dem Ursprung
meines Verhaltens
malte ich dies Bild

Da brodelt ein Vulkan
in mir, unter mir,
unbeschreiblich unruhig.

Ist es die Kälte der Welt,
die mir den Hals
zuschnüren würde,
wäre da nicht der Schutz,
das helle Tuch?

Das Grün der Natur,
die geliebten Bäume
sie sind es, die meine Welt
groß und schön machen.

Die guten Gedanken wachsen
wie Unkraut auf meinem Kopf.
Ich reiße sie nicht aus,
sie gehören zu mir
wie die Falten
die mir gewachsen sind.

Coverbild

Geschriebene Worte,
schöne Buchstaben,
faszinieren mich
seit Kindertagen.

Handgeschriebenes
ist mir wichtig,
das Wunder,
Gedanken
sichtbar
machen zu können,
hat was Magisches.

Bahnschienen

Aufgenommen
am Gelände
Reitpark Bersenbrück

Ein Projekt,
das grünt und blüht
während es auf Eis liegt
weil es Wichtigeres gibt.

Karin Hartel, ist auch eine Frau,
die schöne Bilder macht.
Bilder für besondere Menschen und sinnvolle
Einsätze. Jedes ihrer Motive lässt sie auf
Leinen oder Acryl drucken, fertigt
wetterfeste Plakate oder Hinweisschilder mit
originellen Sprüchen. Am liebsten spontan
und für einen guten Zweck. Buchcover für
Autoren, die was bewegen wollen, fertigt sie
zeitnah auf Abruf.

Email kaha.bsb@t-online.de

Ankündigung

Der sechste Band
der Wahllosen Lyrik
ist bereits in Arbeit

Es ist ein Aufschrei
und sein Echo
ist Fassungslosigkeit

Aber auch deren Ende
und Aufarbeitung
Wort für Wort

Wahllose Lyrik
Band 6
Sie kann
auch
böse sein
Karin Hartel